Oscar Alberto

El Urogallo y El Caballito Del Mar
Galán Con Billete
y La Tabla de La Fortuna

Caracas, Venezuela 2019

ISBN
9781093596458
Editor
Oscar Silva.
Impresión
Bajo contratación de Amazon Services International.
Portada
Romance de Gerome, 2019. Autor. Basada en las dos obras *The Tryst*, c.1844. Gerome, Jean-Léon, 1824–1904.
Imagen Final
La Primavera, 1873. Pierre Auguste Cot, 1837 – 1883.
Autor
Oscar Alberto Silva Osorio
Economista egresado de la Universidad Santa María en 1989, Caracas Venezuela.
Licenciado en Administración Comercial egresado de la Universidad Católica Andrés Bello en 1983, Caracas Venezuela.

"Hay dos clases de hombres: los que viven hablando de las virtudes y los que se limitan a tenerlas."

Antonio Machado[1]

---

[1] Antonio Cipriano José María y Francisco de Santa Ana Machado Ruiz, conocido como Antonio Machado. Poeta español. Sevilla, 26 de julio de 1875 — Collioure, Francia, 22 de febrero de 1939.

En esta lectura, un «galán» no es un chamo bonito simplemente. Sin importar la edad, es un ser de nobles principios y sentimientos, que además es muy agradable porque sabe sentirse bien consigo mismo y con el prójimo. Es un hombre que sabe lo que hace. Es un caballero.

El título de este libro va dirigido a ti directamente. Es lo que empezarás a afirmarte a ti mismo de ahora en adelante. Por alguna razón llegaron a ti estas palabras, que no dejarás de repetirte, en silencio, claro está, ni un solo día.

También debo advertir que este libro no es otra cosa que una conversación. Es un diálogo igual al que todos hemos tenido con los amigos frente a una barra o alrededor de una mesa. Sólo que, al menos yo, no pudiera escribirlo como en literatura se escriben los diálogos, es decir, comenzando cada uno por un guion en líneas separadas. De ser así, hubiese sido necesario escribir lo que opinaban mis interlocutores, diferenciando lo que ellos originalmente dijeron, de lo que yo decía; asunto que jamás me habría sido muy fácil de lograr.

Haciendo un texto de consulta por temas, habremos recogido la opinión que años antes mis interlocutores han ido sembrado en mi sistema de preferencias sociales, fusionadas con mis propias percepciones, inculcadas la mayoría de otros egregios escritores. De este modo, como lo importante era plasmar las ideas para beneficio de todos, sin importar quién fue el pionero, se decide evitar el género del diálogo.

Pero escrito como un manual, en el fondo es una plática entre tú y yo, lo que va a permitir continuar enriqueciendo estas experiencias con las tuyas propias. De esta manera, podrás pensar distinto. También puedes estar de acuerdo.

Seguro estoy que un novelista, colocando diálogos y personajes de este libro sacará una película. Eso sí, no voy a tratar sobre técnicas de abordaje a las féminas ni nada parecido que tratan en los manuales clásicos de conquista masculina. Hablaremos de ti primordialmente. Pertenezco a la corriente del pensamiento donde se profesa el crecimiento personal.

Tú eres el que va a ascender en todos los aspectos de tu vida. Leyendo, trabajando y asistiendo al prójimo tendrás todo lo que necesitas en tu interior. Si primero creces tú, no sólo ellas son las que van a abordarte. Te van a buscar todos. Será agradable estar contigo. Tan es así que presagio muchas féminas leyendo estas líneas antes que tú, para luego inculcarlas en ti.

No te sorprendas cuando en una reunión se acerque la chica más bonita y te saque a bailar "Escúchame Hijo".

Escúchame Hijo

Escúchame Hijo

Desde niño he sabido, de la sed y del hambre
Transité mil caminos, fui por mares distantes
Visité los palacios, vi a mendigos infantes

Trabajé... siempre hasta muy tarde
Me entregué... sudé sin alardes
Lo logré... guardé los detalles
Tarde abandonaría las calles

Creció mi experiencia, requirió de paciencia
Jamás busque el poder, ni humillar a nadie
Y así logré crecer, cada día un instante.

El Mar y el Sol serán tuyos, despojándote del orgullo
Reconocí el error, cuando lo había
Sin odio sin rencor, día tras día

Recordando el camino, cuando puse mi empeño
Todo lo conseguido, comenzó con un sueño
Hoy diré con sentido, de mi vida fui el dueño

Ya no te ancles al pasado, si tus pies lo han superado
Viví cada ilusión, a fin de cuentas
Fue la mejor opción, la dicha inmensa

Adiós al fracaso, si abres hoy tus brazos
Cuando algo se te va, tuyo es si vuelve
Si no regresa más, nada se pierde

¡Vive y deja vivir!

¡Y serás grande mi amor!

También tú... lograrás tus sueños
Con pasión... con tus propias manos
Y el amor... te abrirá las puertas
Al futuro siempre anhelado
Si lo intentas, lo has comenzado
Si comienzas, ya lo has logrado

Deshazte del temor, bregando con calor
De tu fortaleza, jamás desconfíes
Y aunque haya tristeza, afronta y sonríe

Y el dolor te abandonará cuando aprendas a perdonar
Nadie tendrá el poder de importunarte
Nada podrá impedir que tu meta alcances

CONTENIDO

De Galán

A Millonario

DE GALÁN

"Comienza ahora lo que serás de aquí en adelante."

San Jerónimo.

Del Urogallo Al Hipocampo

Absorto en la contemplación de la cosecha que me ofrecía la octava muda de piel de los años vividos, lo cual ocurre, por cierto, cada siete años, me detuve a mirar el camino andado, y descubrí que el guion hedonista de mi vida no se había podido cumplir a cabalidad, al menos como se tenía previsto en "El Manual del Playboy" de mi maestro de conducta social, Renzo Barbieri[2]. Tratando de desempeñar el papel de un genuino playboy, lo cual me valió, en mis años mozos, el título de Chico Lindo, cometí algunos errores imperdonables, siendo el que más me ha perseguido el hecho de no haber huido del amor como de una desgracia. Cada vez que disfruté los momentos de jade, fueron tan hermosos, que olvidé la prohibición de aferrarme a ellos.

---

[2] Renzo Barbieri. Escritor, guionista y editor. Milán, 3 de octubre de 1930 – Milán, 22 de septiembre de 2007. Con pesar debo admitir que, siendo 28 de septiembre de 2008, buscando en Internet sobre su vida, leí en http://fumettidicarta.blogspot.com: mercoledì 26 settembre 2007. Sabato scorso è morto Renzo Barbieri.

Pero, una vez atrapado en las redes del inefable y todopoderoso dios griego Eros, también conocido en la antigua Roma como el dios Cupido, resultaba doloroso continuar, al mismo tiempo, practicando las enseñanzas de Renzo, aderezadas con los consejos inocentes de los ilustres inexpertos y atormentados galanes Julián Sorel[3] y Florentino Ariza[4], sospecho yo, a estas alturas, que seguidores de Nieztche[5] ambos, lo que me lanzaba, ya exhausto, al final de cada torbellino, a las páginas de Rudyard Kipling[6], Manuel Barroso[7] y Wayne Dyer[8], mis maestros de percepción vital, con la única esperanza de mitigar mis penas.

De acuerdo con la máxima china referida al jade, ¿tenía razón Barbieri al aconsejar a sus lectores comparar el amor con la desgracia? Quizás nunca se sabrá, pero al menos yo no había sido concebido para representar, sin mácula alguna, el papel correspondiente al segundo sustantivo del título de su magistral manual.

---

[3] Apuesto, inteligente, soberbio y joven seductor. Personaje principal de la novela francesa "Rojo y Negro", de Stendhal, publicada en 1830.
[4] Personaje de "El Amor En Los Tiempos Del Cólera" de Gabriel García Márquez. Tuvo aventuras con innumerables y diferentes mujeres, pero sin lograr olvidar a Fermina Daza.
[5] Friedrich Nietzsche. Filósofo, poeta y filólogo clásico alemán. 15 de octubre de 1844 – 25 de agosto de 1900.
[6] Escritor y poeta británico. Bombay, 30 de diciembre de 1865 – Londres, 18 de enero de 1936.
[7] Psicólogo, filósofo y escritor venezolano.
[8] Psicólogo y escritor estadounidense. 10 de mayo de 1940 - 29 de agosto de 2015.

Desde que encontré aquel libro usado y manoseado, olvidado y pasado de moda, debajo del puente de la Avenida Fuerzas Armadas, cuando contaba 25 años, hasta que lo releí sólo tres veces, debido a su repentina desaparición, pasaron al menos 2 años. Pero desde aquel entonces, hasta que desistí de buscarlo, transcurrieron 24.

La renuncia a continuar escudriñando con la mirada, sin preguntar por el manual, en las librerías, o buscarlo por internet, se terminó de alimentar con el control de cambios y el cupo de divisas que nunca llegaba, en pleno régimen de 2008. Pero la decisión de comenzar a escribir una guía, no sólo para el playboy, sino también para todos los hombres, a fin de evitarles caer en errores dolorosos a mis lectores, tenía que tomar los consejos de todos mis maestros.

Esta decisión llegó, como escribiera Flaubert[9], *"como huracán de los cielos, entre grandes destellos y fulgores"*, inspirada por las musas que llegaron revoloteando desde la pantalla de la computadora.

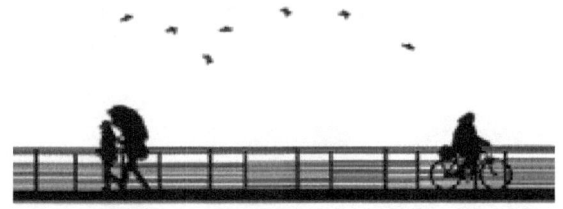

---

[9] Gustave Flaubert. (Ruán, Francia, 1821 - Croisset, id., 1880) Escritor francés. Cronológicamente el tercero de los grandes novelistas del realismo francés (tras Stendhal y Balzac)

En mi caso, siempre había considerado no tener la moral suficiente para escribir un manual de vida para los demás. ¿Quién carrizo me creía yo, con tantos defectos, y habiendo cometido tantos errores, para darle consejos a todo el mundo? Todos tenemos defectos, pero también virtudes, y en función de las segundas nos abstendremos de lanzar la primera piedra. Así que desde ese momento se comienza a escribir esta obra.

Así como en la teoría macroeconómica existen dos modelos puros en los extremos del comportamiento del mercado: La Competencia Perfecta y el Monopolio, en esta teoría sobre la conquista masculina vamos a establecer una clasificación de los galanes, definiendo dos modelos también extremos, entre los cuales se van a ubicar un sinfín de aproximaciones y combinaciones en la vida real.

Cada uno de nosotros va a tener una personalidad única resultante de una mezcla de ambos modelos teóricos: el urogallo y el hipocampo. Mientras mi amigo Renzo glorificaba a los urogallos, en la revista Forbes edulcoran al Hipocampo. Se trata de dos animales ovíparos. El primero es un ave gallinácea salvaje y el segundo es un pez conocido comúnmente como el caballito de mar.

El urogallo es un ave europea del genero de los lagópodos y pertenece a la familia de los Tetraónidos del orden Galliformes, siendo su clasificación científica Tetrao urogallus. *"El macho es **polígamo** y puede tener hasta 12 compañeras. Las hembras hacen los nidos en el suelo, y ponen entre seis y doce huevos de color amarillo pálido, con pintas rojizas. Debido a los cambios climáticos y a la acción del ser humano, que han destruido su hábitat, el urogallo ha desaparecido en muchas zonas de Eurasia; en otras, las poblaciones disminuyen a gran velocidad, por lo que esta especie está considerada en peligro de extinción.... Pero además, "...se reúnen en primavera en determinados lugares para competir por las hembras."*[10]

Conocido por el arrojo[12] y valentía que ostenta para cuidar sus territorios, el gallito de los bosques ibéricos se encarama en las copas de los árboles para esparcir, mañana y tarde, por todas partes, sus cantos de reclamo, cautivando así a las hembras, después de lo cual se posa en el suelo y, resguardando un territorio de hasta cien varas de diámetro, prolonga sus cantares para terminar montando varias féminas desde el alba hasta el ocaso. El sustantivo de Urogallo es conocido en Venezuela por formar parte del título de una novela del creador de la literatura histórica venezolana moderna, Francisco Herrera Luque[11], llamada "Boves El Urogallo", la cual relata la vida de José Tomás Boves

---

[10] Microsoft ® Encarta ® 2008. © 1993-2007 Microsoft Corporation. Reservados todos los derechos.
[11] Francisco Herrera Luque. Caracas, 14 de diciembre de 1927 - Caracas, 15 de abril de 1991. Psiquiatra, novelista, ensayista y diplomático venezolano.

[12] Por su parte, el hipocampo pertenece a la familia de los singnátidos. Científicamente se le denomina Hippocampus y se clasifica en el orden de los Gasterosteiformes. *"La hembra usa su ovopositor para insertar los huevos maduros dentro de la bolsa incubadora del macho. Los espermatozoides se liberan en el exterior y la fertilización ocurre en el mismo momento en que los huevos van entrando en el saco del macho. Tanto la entrada de los huevos en el saco como su fertilización ocurren en un proceso extraordinariamente rápido (apenas 6 segundos). Esta estrategia es una manera más de asegurar que los huevos proceden exclusivamente de una sola hembra, con lo que se asegura la* **monogamia** *genética para ese lote de huevos."*[13]

Fiel a la ingrata pareja, el malquerido, aunque prudente caballito, le demostrará su amor incubando los huevos, que ambos forjaron, dentro de sí mismo, desde la concepción hasta el nacimiento, con un cuidado tal, que a fin de evitarles un trauma a los pequeños al momento del parto, el abnegado padre fecundado cambiará el aspecto de su líquido amniótico, de turbio a cristalino, de manera que simule el medio ambiente donde nacerán sus hijos, que será el agua de mar de los alrededores.

Así que las musas me regalaron una elegía para cada uno de mis héroes.

---

[12] José Tomás Boves Rodríguez. Caudillo militar español. Comandó las tropas realistas en la Guerra de Independencia de Venezuela entre 1813 y 1814. Oviedo, España, 18 de septiembre de 1782 — Urica, Venezuela, 5 de diciembre de 1814.
13 http://es.wikipedia.org/wiki/Caballito_de_mar

Urogallo

Urogallo

Saleroso sobre el árbol te encaramas
Urogallo cantor que ganas brega
De varón valiente te engalanas
Por tu garbo la moza a ti se entrega

Canción de reclamos increpados
Desde lo alto del soto se percibe
La templanza y coraje derramados
Que del ave corsaria el poeta escribe

Con grande impulso elevas vuelo
En iberos bosques de abedul y hayas
Gallito posarte te veré en el suelo
Sobre ninfas gitanas que tú callas

Regando tu simiente en lontananza
En serbales, mostellar, también acebo
Tu canto esparcirá bella romanza
Ramilletes y recuerdos del efebo

Caracas, 30 de septiembre de 2008

Hipocampo

Hipocampo

Indulgencia y pasión has concebido
Criatura vestal de lealtad cautiva
Del agua salobre caballero erguido
Silencioso amante de la hembra altiva

Hogar que encierra vida alumbrada
Cristalinos los mares te envolvían
Conviertes embriones en camada
Del fruto de amor la luz ansían

Sobre arena el lecho que hipnotiza
Con las algas danzan los amantes
De coral la alcoba está rojiza
Y ternezas lentas, fulgurantes

Sirenitas ven desde manglares
Caballito preñado de luceros
Heredad de padres ejemplares
Tus hijos puros nacerán cimeros

Caracas, 04 de octubre de 2008

El Vestuario

La Camisa

La camisa de vestir, para el flux, siempre será de algodón de hilo, sin botones Oxford en el cuello, el cual tendrá una altura superior a un cuarto de la altura del cuello del flux. Serán blancas la tercera parte de las camisas en el guardarropa.

Tonos pasteles uniformes, tales como el azul cielo, acentos rosas y lilas claros, otros tirando a natillas y verdes pálidos, ocuparán la otra tercera parte. La última de las partes, se compondrá de rayas muy tenues, siempre verticales en toda la camisa excepto en el cuello, cuyos cortes deberán venir cosidos a la camisa con las rayas en forma horizontal, de manera que al abrocharlo se percibirán también verticales en la parte frontal. Igual en los puños, cuyas rayas serán siempre horizontales, y así deberán verse.

Nada de combinaciones con el rayado en diagonal o vertical. Eso estará prohibido, tanto en el cuello y los puños, como en los bolsillos, debiéndose dejar éstos preferiblemente para las camisas casuales.

El planchado será impecable, debiéndose notar la ligera presencia del almidón. Al igual que los bluejeans y los pantalones de pana, bajo ningún pretexto se permitirá que un puño muestre los dos filos que suelen dejar las domésticas perezosas, tanto si es de botones como si es de yuntas.

Con el flux, la camisa siempre irá directamente sobre la piel, o sobre una camiseta de algodón stretch muy ligero. Pero siempre, excepto las guayaberas y las barongs filipinas, por dentro del pantalón. La polo shirt o chemise irá invariablemente por fuera.

Las camisas de vestir por fuera, y encima con saco, se las dejaremos a Guillermo Dávila cuando se presente con Karina en el Aula Magna. El público gritará: ¡A-tre-ve-té! algo más de 10 veces.

Si no se usa corbata, la camisa convencional se abrocha a partir del tercer botón, mientras que la guayabera, y también la chemise, desde el segundo. La barong tagalog, desde el primero. La clave está en que, a menos que sea un uniforme militar, no es permitido que se descubra prenda alguna adicional entre la tela de la camisa y la piel. Aunque si no hay chaqueta y el frio lo justifica, se utilizará, bien combinada, una franela hasta el cuello, debajo de la camisa.

Si nos abotonamos del cuarto botón hacia abajo, de seguro le vamos a robar cámara a Trino Mora, a Sandro o a Elvis Presley, y eso, no nos quepa la menor duda, no nos lo perdonarán sus fans.

El Chaleco

El chaleco debajo del saco se utilizará, exclusivamente, cuando, ya sin dinero, se tenga el propósito de deslumbrar a la muchacha de servicio.

La Corbata

Se usarán oscuras en todo momento. No importa el color o combinación de éstos. Siempre de seda, no se admitirán las mezclillas o los poliésteres. El diseño de la tela será preferiblemente a rayas diagonales, bacterias o flores. Pudieran admitirse otros diseños, pero la clave radicará en la sobriedad del conjunto logrado y su ambientación con la siempre clara camisa y el saco.

Si nos obsequian una corbata que viene en una caja con su pañuelo del mismo color, enviaremos éste a la caja de limpiar zapatos. Pero si la tela de ambos no es de seda legítima, o aun siendo de seda, busca una tonalidad pastel uniforme, así sea de rayas diagonales, bacterias o flores, terminarán los dos, tanto el pañuelo como la corbata, sin excepción, en el mismo lugar.

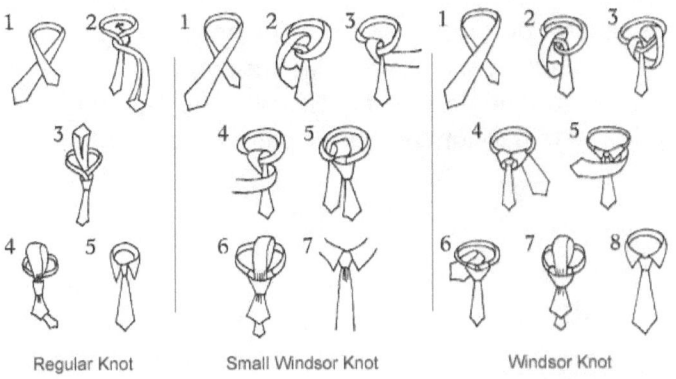

Regular Knot   Small Windsor Knot   Windsor Knot

De acuerdo con el gráfico, definitivamente el nudo será Regular Knot[14] Pero dependiendo del grosor de la seda, el límite será Small[15] Windsor; en muy raras ocasiones la seda será tan delgada que no nos quedará más remedio que anudar un Small, también conocido como Half[16], Windsor.

El nudo Windsor se ilustra como cultura general y para que se sepa lo que jamás deberemos hacer con nuestras corbatas de seda. Este nudo estará reservado para las corbatas de poliéster de un amigo que aspire hacer carrera y quiera ser reconocido como un miembro acreditado de la policía o un gobierno tropical, sobre todo si es totalitario, revolucionario o militarista.

A propósito de este nudo, si queremos que nuestro amigo suba más rápido en el escalafón oficial, le confiaremos que así como los cabecillas del régimen le pondrán limón, picante, kétchup o mayonesa a todos los platos antes de probarlos, por elaborados que algunos sean, también exhibirán todas sus corbatas con nudo Windsor, aunque de seda ciertas sean, de manera que aprenda esta lección por anticipado y la pueda utilizar en el momento oportuno.

---

[14] "Regular Knot" se traduce como "Nudo Regular". Aunque "Regular" significa y se escribe igual en ambos idiomas, pronúnciese en inglés como "réguiular not"
[15] Small quiere decir pequeño y se pronunciará como "smol". De donde queda "smol güindsor not"
[16] Half significa medio o mitad y se pronunciará como "jaf". De donde queda "jaf güindsor not"

El Pañuelo

El pañuelo será siempre blanco inmaculado, no importa el color de la camisa. Nunca será del color de la corbata, ni mucho menos se colocará a la bandolera, medio mal puesto o al descuido como para que combine con la corbata. El pañuelo, de puro algodón de hilo, cuidadosamente doblado en rectángulo, sobresaldrá medio dedo del bolsillo superior del saco, el cual queda a la izquierda, por supuesto. Los bolsillos inferiores serán, como siempre, tan impenetrables, que sólo al tacto se sabrá si son de utilería.

El Traje

El Traje para cada ocasión. El frac y el palto levita nada más si eres tú el novio, o el papá de un contrayente, aunque sólo si se pone terca la suegra y quieren todos ir así ataviados. Siempre se preferirá el tuxedo de paltó blanco y pantalón negro o el smoking todo negro, ambos de seda. Pudieran ser el liquilique de lino tupido o la guayabera de holán de lino, ambos de color blanco inmaculado, y si fuere ésta última, con el pantalón de kaki amarillo tostado y los mocasines y medias marrones. Estará claro que, sólo si el matrimonio es con una preciosura asiática, no estará prohibida la siempre blanca barong filipina de seda, holán de lino o algodón de hilo para todo el séquito, con pantalones de casimir azul marino con zapatos y medias negras. Por cierto, nadie notará que el pantalón estuvo guindado de un gancho torcido.

Las 10 reglas para lucir un traje perfecto de @Bermatt1989

Regla #1. El botón de abajo siempre desabrochado
Regla #2. La hombrera en el hombro
Regla #3. La camisa siempre asomará por las mangas
Regla #4. La regla del pulgar
¿Queréis saber cuál es el largo perfecto para la chaqueta? Es simple, pon las manos a los lados del cuerpo y el bajo deberá llegarte aproximadamente a la mitad del dedo pulgar.
Reglas #5. Lo poco gusta y lo mucho cansa
¡Nos referimos a las arrugas! Si hay demasiadas arrugas en las mangas, hombros o cualquier parte del traje es que algo no va bien. La causa es fácil de detectar, o te está pequeño o te está grande.
Reglas #6. El bajo perfecto
Regla #7. Cuando te sientes, botones fuera
Reglas #8. Crear contraste de tonalidad
Por favor, las combinaciones de chaquetas oscuras y camisas negras dejadlas para las graduaciones de instituto ya que siento decirlo, pero eso no es "cool".
No hay nada mejor que el brillo de una camisa blanca en contraste con un traje oscuro.
Reglas #9. Dejad el negro para los camareros.
Regla #10. Di sí a los complementos.
Cada vez están más instauradas y ya sea el pañuelo, el pin en la solapa o las mismas gafas de Sol hay que introducirlos en nuestros looks creando un poco de contraste.
Eso sí y aunque creíais que está bien, no es del todo recomendable combinar el pañuelo con la corbata ¿De verdad vamos a ponéroslo tan fácil?

Los Zapatos

Los tacones y la suela, delgados ambos, de cuero para cualquier ceremonia, podrán ser de goma Vibram o similar para los del tipo "confort" en días laborables, pero serán invariablemente negros, sin importar que los zapatos sean negros, marrones en todas sus tonalidades o vino tinto, únicos tres colores permitidos para vestir de etiqueta o casual. Las tonalidades marrones algo claras se permitirán únicamente para los mocasines de piel que se usan en el yate o la playa con vestimenta casual y van siempre sin medias.

De cualquier manera, los zapatos lucirán todo el tiempo como recién comprados; hay que acordarse de la familia de los zapateros mucho antes de que se comiencen a notar los tacones gastados.

Aunque la traducción al español de Barbieri habla de que antes de ponerse unos zapatos "rojos" el playboy se dejará cortar los pies, si los zapatos son vino tinto deberán ser de tono muy oscuro, burgundy o cordovan, pero este color estará únicamente permitido para el mocasín Sebago clásico, con o sin borlas, o el Florsheim clásico Kenmoor Heritage de la colección Royal Imperial de trenzas.

Las Medias

De algodón 100%, preferiblemente en Filo di Scozia, su color irá siempre con los zapatos y la correa, invariablemente de tonos oscuros.

Los Botines

Con menos colores que los zapatos, se aceptan en negro o marrón en todas sus tonalidades, y siempre van con la correa y las medias, excepto si la tonalidad marrón del botín y la correa es algo clara junto a un pantalón negro, en cuyo caso, las medias serán de este último color. Se pueden utilizar con jeans, kakis o panas sumamente casuales. Nunca con pantalones de vestir, bermudas o shorts. Menos todavía con un flux, suceso que deberá estar reservado, exclusivamente, para el día en que te pongan la banda presidencial.

Las Botas

Únicamente cuando compitas en toros coleados o practiques polo. Los espectadores de tales disciplinas no querrán ser descubiertos en su sueño frustrado de parecerse a un jinete. El diseño, color y material va a depender de las normas de cada deporte.

Las Sandalias

Sólo de piel marrón y suela auténtica para usarlas con bermudas en verano y sin medias. Exclusivamente con ropa de algodón o lino, en blanco o beige muy casual.

El Maletín y el Bolso

Conocido popularmente como maricómetro, jamás habrá un bolso, maletín o necessaire en las manos, mucho menos guindando del hombro del mismo lado, o peor aún, guindando de una correa cruzada desde el hombro contrario. Cualquier objeto distinto de la ropa que interfiera entre las manos o el cuerpo del potencial levante, será descartado incluso del pensamiento.

La Cartera

En la cartera sólo va la cédula, dos tarjetas de crédito, dos de débito y el carnet de San Cipriano. Los billetes y las monedas tendrán siempre prohibida la entrada a este privilegiado recinto. Con ésto se quiere decir que, si no somos católicos, se podrá llevar otro carnet, o ninguno, si así lo preferimos, pero que sólo estará permitido el grosor equivalente a un máximo de seis tarjetas. Trasladar la caja de recuerdos a la cartera y obligarla a entrar en alguno de los dos bolsillos traseros del pantalón, además de impregnarla de olores no muy agradables, hará dudar de la virilidad de nuestro cuerpo. Introducir una cartera gorda en el bolsillo frontal superior del saco, ni pensarlo. Su sitio natural es el bolsillo frontal izquierdo del pantalón

Los Interiores

Los Interiores son de algodón, pudiendo variar su color para cada día. Queda prohibido usar de interiores el bóxer ajustado.

Los Boxer

Deben ser siempre anchos de algodón 100% y se usarán sin pantalón a manera de pijama para estar en la intimidad de la casa.

Los Lentes

No se usarán nunca como sombreros, así como que si los ojos quedaran viendo para arriba. Si se nota que son más para impactar o desviar la atención, que para corregir, pudiésemos ser demandados civil y penalmente por Elton John.

El Reloj

Mientras más plano mejor, le funcionan todos los elementos y el segundero recorre la esfera serenamente. Al igual que el güisqui, su adquisición siempre vendrá precedida de una familiarización con el producto auténtico. Por ningún motivo se lo compraremos a un particular. Son éstas el tipo de operaciones que siempre concretaremos con los más prestigiosos negocios del ramo.

La Imagen

El Cabello

Siempre se usará inteligentemente corto, peinado hacia atrás o con una carrera de medio lado. Pero siempre tirando hacia atrás. Jamás la carrera en el centro, a lo Wilfredo Bello. Ésto no implicará que, si nos quedamos calvos en el tope, dejemos crecer en más de una cuarta el pelo que está justo sobre alguna de las orejas con la finalidad de cubrir la calva con un mechón de cabello aplastado y engomado.

Además de dar la impresión de que no nos aceptamos tal cual somos, el espectáculo que ofrece un viejo sosteniéndose las greñas en medio de una ráfaga de viento no es muy elegante que digamos. La verdad es que, aún sin viento, no son muy agradables los tipos que así se peinan.

Es digno de lástima un caballero con mechón tapa calva, la nuca escondida por lo que queda de su otrora espectacular cabellera y lentes oscuros inmensos que no dejan saber de quién se trata.

Siempre se evitarán los peinados hacia adelante tipo Puigdemont o de medio lado piterpanescos, ya sean a lo Donald Trump, o a lo Jaime Bayly, menos aún si vienen acompañados de los nudos de corbata y las solapas de los trajes que comúnmente lucen estos respetables caballeros.

Si la calva se produce en todo el medio, ésa que se nota sólo vista por detrás, formando una especie de claro en medio de la espesura, no compensaremos esta carencia dejando crecer el pelo restante tapando el cuello y las orejas, hacia atrás.

De cualquier manera, se tengan o no claros en la cabeza, y por largo que sea el cabello que crece desde el tope de la frente, la nuca y las orejas estarán siempre visibles, limpios y de aspecto mate, sin brillos ni pelusa.

Nada de peinarse el cabello todo para adelante, lo cual se dejará para las efigies de los patricios romanos en las monedas antiguas. Mucho menos si tal peinado viene aderezado con las patillas largas, peor si son piramidales, las cuales serán vistas sólo en los retratos de Simón Bolívar o de Antonio José de Sucre.

Los próceres de la independencia son sagrados y no pretenderemos jamás competir con sus imágenes. Las patillas largas y angostas, así como los lentes espectaculares, le pertenecen a Elton John, a título de exclusividad. Prohibidas terminantemente las chivas, de cualquier tamaño o forma. Ni de lejos los candados.

Al igual que la calva, las canas serán siempre motivo de orgullo, símbolos de admiración, respeto y nobleza, por lo que se lucirán sin ninguna incomodidad. No hay nada que provoque más burlas, cruces de mirada cómplices y roces de codo o rodillas, que un cabello completamente negro azabache, o vino tinto, a lo Nasralla, adornando un rostro cansado por los años.

En cambio, sí podemos seguir otros ejemplos: Igualmente elegantes lucirán Oscar De La Renta o Bill Clinton, aun cuando difieran apreciablemente sus configuraciones capilares.

Sobre los bigotes, sólo se aceptarán los que son largos, lisos y tupidos, aunque quien se atreva a usarlos, deberá lucirlos derrochando un aseo inmaculado. En todo caso, siempre se preferirá la cara totalmente limpia y al descubierto.

El pelo largo, suelto o con cola de caballo, los piercings y zarcillos, así como el tatuaje, siempre que no dejen huellas imborrables que luego tengas que avergonzarte de mostrar, y sólo cuando tus actividades lo permitan, se usarán hasta los 21 años. Esa fecha, entonces, se convertirá en un ritual que representará nuestra tercera muda de piel, y nos convertiremos, a partir de allí, en los hombres adultos que comienzan a dar los primeros pasos en pos de alcanzar el anhelado título de Señor.

Pero si te llega esta lectura después de esa fecha, nunca habrá sido muy tarde para empezar, dado que ése habrá sido el tiempo de Dios, y el tiempo de Dios es perfecto. Únicamente así, las huellas que en tu piel dejaron los juegos irreverentes de la juventud, si es que no se pueden borrar, las mostrarás con orgullo. Los productos antiarrugas y el ejercicio facial se impondrán al bisturí, no vaya a ser que hagamos de peluche como Manuel Rosales, José Vicente Rangel o Luís Vicente León, quienes nunca más pudieron crecer frente al espejo.

El Jabón

Espuma o Jabón Líquido Iodado. Por cierto que el jabón líquido iodado nos servirá para evitar furúnculos en las nalgas, golondrinos en las axilas, barros en la cara, cuello y orejas, micosis en los entre dedos de los pies o en el glande, sobre todo si no se es circuncidado, por lo que no deberá faltar en la ducha.

El mejor jabón para todo el cuerpo será el alquitranado. Qué ricura percibiremos, yo, tú, ella, nosotros, vosotros, ellas, hasta después de doce horas, cuando el aroma de un Lifebuoy o un Wrights Coal Tar Soap sea descubierto sobre nosotros, debajo del perfume que se llevó la camisa cuando nos la desprenden las deidades.

Pero un Vinolia, desde que se estrenó en el viaje del Titanic, o un Pears, sin olvidar aquel cariaquito morado venezolano, el chino de sándalo, o el Cydar, Dial Gold, Parsley y el Dettol ingleses, para alternarlos semanalmente con los jabones alquitranados, nos mantendrán en un estado de bienestar incomparables todo el tiempo.

El Perfume

Debido a que las imitaciones son descubiertas por todas las chicas, incluyendo aquellas que también las usan, no las vamos a defraudar estropeando los jabones mencionados. En días estelares, que pueden ser todos, usaremos Givenchy Gentleman, Santos de Cartier o Salvatore Ferragamo. ¡Son un tiro al suelo!

El Aliento

Al levantarse, en los días hábiles, sin excepción, tomaremos en ayuna un vaso de agua fresca, directo del filtro con carbón activado u ozono, mejor si es embotellada, natural o gasificada, o zumo de fruta recién exprimido.

En días de asueto, sólo si hemos festejado la noche anterior, no será pecado romper el ayuno con una a dos soleras heladas, o un solo vaso de vino espumante. Sólo después, diariamente, con la boca cerrada, y para sacar las bacterias de la garganta, se harán gárgaras poco menos que atrevidas, preferiblemente con aceite de coco o agua oxigenada diluidos a la mitad, con enjuague bucal o bicarbonato disuelto en agua, con lo que se lavará también toda la dentadura, con énfasis en la posterior. Una vez al mes, el bicarbonato puro, recogido con el cepillo seco antes de ponerle la pasta, se usará para frotar los dientes y la lengua.

Después del almuerzo o la cena, siempre que sea posible, el vino sustituirá a los enjuagues mañaneros. A veces, una tarjeta telefónica, un hilo dental o un blíster vacío de pastillas, casi siempre son mejores que un palillo mondadientes; normalmente son más delgados, por lo que son más eficientes, aunque se deben usar lejos de las miradas, pero sobre todo por una única vez.

Los Pies

Tus pies no huelen a nada, menos las axilas. Si acaso, a limpio. Una botella con válvula de spray y vinagre blanco de alcohol al 5% son suficientes: no deja olor al evaporarse. Después del baño, en los entre dedos y en cualquier otra zona del cuerpo, a tu elección, no te dejará mal en ninguna ocasión.

Sentados en Solitario

Los ruidos se pueden disimular usando al mismo tiempo los mecanismos ad hoc, siendo muy apropiados los que casi los confunden por completo, si se accionan repetidamente. El olfato apenas se percatará si la inmersión es rauda. Completada ésta, se preferirá desaparecer el tisú en un segundo remolino, aunque si el sistema no lo aconseja, habrá que encestarlo, pero éste ocultará cualquier mácula dentro de sí. Fuera de casa, si, casi limpios, no encontramos una ducha, un frasco de agua o las toallitas húmedas serán suficientes. Pero en todo caso, el jabón o el gel no deberían faltar a la ceremonia de despedida, tanto sentados aún, como ya de pie frente al espejo.

De Pie

Si hay una tapa, habrá que levantarla, pero no existirá ninguna excusa para mojar o salpicar la propia tapa o las baldosas de la pared o del piso. Se deberá sentir una gran vergüenza si terceros escuchasen el característico ruido del efímero manantial, peor aún si por las pausas, se sospecha un particular estado de salud, sobre todo si pudiesen estar enterándose, puertas afuera, la señora y las hijas del anfitrión. Es preferible sentarse en tales casos.

En La Ducha

No hay nada más repugnante, cuando se está en la mesa, que descubrir un cabello o un pelo de cualquier mamífero, peor el de nosotros, en la comida. Pero no existe algo más desagradable, cuando uno se va a duchar, que ver pelos en el jabón.

Entre las féminas silenciosas, ni la más enamorada amante dejará de sentir nauseas, que, acumuladas, darán al traste con el amor que pudo alguna vez haber existido. Lo peor es que todas sus amistades y familiares se enterarán de lo desaseado que era su querubín una vez alcanzado el asco definitivo y consiguiente ruptura sin vuelta atrás; porque las silenciosas con la pareja suelen no serlo con sus paños de lágrimas.

De allí que, aunque tengamos la dicha de contar con una pareja comunicativa, no deberemos esperar a que nos recuerden lo ordinario y mal consentido por mamá que hemos demostrado ser con tan reprobable y desconsiderada costumbre.

Entonces, antes de cerrar el agua, se deberán haber lavado la pastilla de jabón, los frascos de champú y de acondicionador, los envases de jabón líquido iodado, sobre todo éstos últimos, y todo aquel recipiente con preparados para el cuerpo o el cabello, cuyos residuos, si bien no alcanzan la fealdad de los pelos, contribuyen a crear una atmósfera lamentable, que en nada favorece la armonía visual y táctil que requiere la convivencia en pareja o en familia.

La afeitadora con el mango ennegrecido, la hojilla con residuos de crema de afeitar salpicada de pelitos haciendo contraste con ella, restos de jabón de pastilla, jabón líquido derramado y pasta de diente regada en la superficie de la cerámica, configuran un panorama especialmente propicio para inculcar en los curiosos niños, varones y hembras que trepan por el lavabo y abren el gabinete, los valores fundamentales para formar una vida futura de tareas a medio hacer.

Aunque reversible si se diagnostica a tiempo, quienes en ésto insisten, o no tuvieron al padre aseado, o no siguieron a ninguno, y suelen solucionar sus problemas con los seres queridos asumiendo la conducta del duque herido; responderán a los reproches sobre sus errores dando la espalda, callando y despreciando, lo que terminará por acumular una serie de relaciones personales inconclusas a su alrededor, contagiando a sus descendientes, varones y hembras, con el culto al orgullo y la afectación, lo que alejará el final de los interminables conflictos de la vida, impidiendo la solución oportuna a los problemas. Si no se asean las herramientas después de utilizarlas, lo más probable es que se anquilosen y pierdan funcionalidad.

En la Cocina

El caballero jamás se llevará una jarra de agua o jugo a la boca, o comerá directamente de la olla o el sartén. Mucho menos beberá de la botella, a menos que ésta tenga el tamaño para un único usuario, como es el caso de algunas gaseosas y la cerveza. Tampoco probará un plato de la fuente, devolviendo luego la cuchara o el tenedor a la misma, peor si está cocinando para los demás. La porción de comida que accidentalmente cayó al piso, allí quedará hasta que la servilleta, la aspiradora, o la escoba y la pala, lo terminen de llevar al cesto.

En Grupo

No nos enfrascaremos en discusiones estériles sobre quien tiene la razón. Siempre seremos indulgentes y permitiremos conceder el beneficio de la duda, siendo el DRAE, Google, Bing o el diccionario especializado sobre alguna materia el que nos saque de discusión.

Ni las chicas ni los tragos se conciben con los testigos. Sólo con los cómplices. El que no toma o se ufana de no tirar con chicas malas no puede pretender compartir con los demás, a no ser que la mujer de alguno de los putañeros bebedores de caña, lo haya contratado. Pero con el resto de las cosas, aunque no estudiemos leyes, nos cuidaremos muy bien de no infringirlas. A donde fueres has lo que vieres, será la clave. No hay nada más peligroso que un carajo pregonando que le es fiel a su mujer y, de paso, no se echa un solo palo en público.

El caballero genuino estará reñido con el ser vanidoso y pichirre en el restaurant. El caballero sólo invitará, pero sin presunciones, a comer a sus conocidos, si está completamente seguro que pagará toda la cuenta. El que invita a sus conocidos a comer, preguntándoles incluso cual restaurant prefieren, y luego ordena las bebidas y los platos sin consultar las posibilidades de sus compañeros de mesa, está indicando que asumirá toda la cuenta.

Entre amigos y compañeros de trabajo, el que se ha lucido con esta reprochable conducta no puede pretender siquiera contribuir con más dinero que el resto, ya que no consultó las posibilidades financieras de los otros. Deberá pagar todo, y esto será siempre una norma.

Si, peor aún, el espléndido invitador pretende pavonearse con la hermana, la mamá y las compinches de su novia, dando órdenes en voz alta a los mesoneros, exigiendo para ellas, y para él, las comidas con los precios más elevados, mientras el resto se conforma con platos de precios solidarios, no se le permitirá jamás que cierre con broche de oro su fanfarronada, cuando se le ocurra vociferar que las mujeres no pagan y los hombres pagarán por partes iguales, como si los demás estuvieran obligados a financiar sus prodigalidades. Quien así actúa no será jamás un caballero.

Ni hablar del que se luce ofreciendo una polarcita a todos sus conocidos de la caja que compraron entre varios panas.

Cuando se tocan los vasos en señal del brindis, se puede hacer y decir ¡Con la izquierda, pa' que se repita!, ¡Por la salud de todos! no importa la frase, ni cuantos participen con la suya propia, siempre y cuando se prodiguen bendiciones al grupo, a la humanidad o a un sector de ésta. Pero mucho cuidado con que alguien no culmine el brindis y coloque su copa en la mesa después del chin-chin. Éso sería señal de una pésima educación, además de un desdén para con los presentes.

Después del tintineante encuentro de los vasos, ellos irán directo a las bocas de sus tenedores, con excepción de las copas de los recién casados, que irán a las bocas contrarias. Por cierto que el vaso se agarrará con las yemas de los dedos, prefiriendo esconder el meñique juntando su yema con la palma de la mano. Lo mismo se hará con la pata de la copa.

Los Dedos

Los pasapalos, canapés, galletas, dulces, panes, y cualquier otro alimento al que las normas le hayan permitido sujetarse con los dedos de una mano para comerlos, se entenderá que no es con todos al mismo tiempo: deben sobrar siempre tres. En el caso de las sardinas, costillitas de cerdo, pollo frito, o equivalentes con espinazos o huesos donde se requieran ambas manos, quedarán libres entonces seis dedos.

En la ociosidad, las yemas de los dedos pulgar e índice en la punta de la nariz ya son muy evidentes de que nos gusta algún olor corporal reñido con los aromas agradables, pero las de los dedos anular y medio, o la de alguna de ambos, evidencian que, además de gustarnos, creemos que los demás no tienen ojos. Los dedos no tocarán jamás a la nariz, ni copularán con ella, en público.

Tampoco tocarán los pies, a menos que en privado se vayan a cortar las uñas, mucho menos los oídos, ni para rascarse o, peor aún, hurgarse con la uña del meñique.

Estará prohibido que nos vean rascándonos la cabeza. Si, estando en público, montas un pie sobre la rodilla, bien sea para acariciarlo, o establecer una batalla entre las uñas de los pies y las de las manos, y no puedes evitar semejante costumbre, deberás abandonar esta lectura de inmediato.

Si alguna vez te has despertado sobresaltado porque tuviste una pesadilla donde veías a la princesa más bella de tus cuentos de infancia mojando la yema del pulgar derecho con su lengua para comenzar a contar los billetes de un botín recién obtenido, deberás recordar si alguna vez has emulado tan bochornoso episodio. Tanto si has usado el mismo dedo como si has usado el índice, no te quepa la menor duda de que ya estás sustituyendo a la princesa en las pesadillas de quienes te han visto ensalivar el dedo antes de contar papeles. Mover las piernas si se está sentado denota que somos gordos inconformes.

La Boca

Siempre estuvo prohibido mascar chimó o chicle. Hay mujeres que, llegando a los 40, comienzan a masticar chicle en público para vivir la fantasía de Cyndy Lauper en "Girls Just Want To Have Fun". En tal caso, si tu levante va por ese camino, deberás ordenarle que se saque lo que está masticando y botarle la caja de chicles cuando estés en el semáforo, aunque después se quiera bajar del carro, de tal manera que no se presenten al lugar previsto con ella chicleando.

A ti, por supuesto, jamás te verán mascando chicle. Éso sí. Si pasamos de los 50, deberemos evitar mascar, ya no el chicle, sino el agua. Peor si pretendemos que cada vez que juntamos los dientes ponemos los labios en pico, como señalando algo, *apuraíto*, para recordarle a los demás que *perro viejo late echao*.

Así no vamos a asustar a nadie; sólo les recordaremos nuestra edad. Por esta razón se evitará este tic, tanto si se está comiendo, como si no.

En el Casino

Sólo se va a flirtear y a pescar. Se podrá disimular que se juega, pero no más de media hora. Es muy peligroso colocar las finanzas al azar con una probabilidad de pérdida de 99 a 1. Como ya se sabe que se perderá la apuesta, en la contabilidad del playboy aparecerá la suma "apostada" como "gastos de representación" y no deberá pasar jamás del costo de la limpieza del traje en la tintorería, teniéndose especial cuidado de no sobrepasar tales gastos de siete veces al año, pero sólo si se anda detrás de una chica jugadora o de la propia crupier.

Además que da muy mal aspecto observar cómo una persona pierde su dinero ante el prestidigitador, esté éste en el mercado callejero escondiendo la piedrita a ser descubierta debajo de las pelotas de tenis cortadas por la mitad, o esté éste ganándose el sustento laborando como crupier de casino.

En General

La elegancia habita en la sencillez, y todo aquello que falte aquí por tratar, se abordará por analogía. La naturalidad y la serenidad van a brotar por los poros en cualquier ocasión. Al hablar en privado o en público, no harás el ridículo creyendo que te la estás comiendo, ordenando un «vaso con agua», diciéndole «güasóp» al Whatsapp o «güilian lanson» al William Lawson. La preposición «de» tiene más de treinta acepciones. En todos los idiomas se pronuncia «güasáp» y en inglés «güilian lóson». Al caminar, al bailar, al escribir, o al acometer cualquier empresa, pequeña o gigantesca, lo harás sin esfuerzo. No habrá nada ni nadie que puedan perturbarte en tus nobles designios de convertirte en un galán con billete.

Las Flores de Bach

Deben ser pocas veces, pero ocurren en la vida algunos episodios de los cuales no es posible escapar sin algún rasguño. En estos trances siempre sale en nuestro auxilio la fortaleza que todos llevamos dentro. Ella nos guiará a través de señales que se van a manifestar de varias maneras. Esta lectura es una de ellas. Y sin dejar de indagar sobre los signos que el camino te vaya mostrando, siempre será un valioso compañero el legado de Edward Bach.

"...Nunca se erradicará ni se curará la enfermedad con los actuales métodos materialistas, por la sencilla razón de que la enfermedad no es material en su origen. Lo que conocemos como enfermedad es el último resultado producido en el cuerpo, el producto final de fuerzas profundas y duraderas. Y aunque el tratamiento material sólo sea aparentemente eficaz, es un mero alivio temporal si no se suprime la causa real..."

Edward Bach

No obstante abundan las lecturas sobre los milagros que han obrado los tratamientos con la energía de cada flor, a continuación, resumido en dos tablas, te mostramos las principales recetas, por utilidad y dolencia, del tratamiento floral de Bach. Demás está decir que estos tratamientos serán para ti y todos cuantos te rodean, cada vez que requieran de tu sabio consejo. La bendición de estas flores va a rendir su fruto tanto si el paciente cree o no en su curación. Así que, aun siendo incrédulo, podrás sanar a tu prójimo sin que se entere.

FLORES DE BACH Y SU RESPECTIVA UTILIDAD

FLOR	SITUACIÓN
Agrimony - Agrimonia	Tormento mental detrás de una cara alegre.
Aspen - Álamo Temblón	Para el miedo o la ansiedad de origen desconocido y sin explicación.
Beech - Haya	Intolerancia hacia los demás, ya sea dirigida a su comportamiento u opiniones.
Centaury - Centaura	Personas serviciales que no saben decir "no".
Cerato - Ceratostigma	Personas que buscan constantemente la opinión de los demás.
Cherry Plum - Cerasifera	Pérdida de control, histeria, miedo a hacerse daño a uno mismo o a terceros.
Chestnut Bud - Brote de Castaño de Indias	Repetidamente comete errores y no aprende de ellos.
Chicory - Achicoria	Amor egoísta y posesivo, que se siente fácilmente ofendido.
Crab Apple - Manzano Silvestre	Purifica y limpia mente y cuerpo. Dificultad para aceptar su apariencia física.
Heather - Brezo	Personas centradas en sí mismas. Buscan la compañía de cualquier persona.
Honeysuckle - Madreselva	Personas que viven en el pasado.
Impatiens - Impaciencia	Para la impaciencia.
Mimulus - Mímulo	Ansiedad y miedo de cosas conocidas y cotidianas; también para la timidez.
Oak - Roble	Personas que trabajan incansablemente y por encima de sus posibilidades.
Pine - Pino Silvestre	Sentimiento de culpa y tendencia a culparse por todo.
Rock Rose - Heliantemo	Terror y el miedo extremo.
Scleranthus	Incapaz de elegir / escoger entre dos o más alternativas.

FLOR	SITUACIÓN
Sweet Chestnut - Castaño Dulce	Angustia mental extrema, cuando todo se ha tratado y no queda esperanza.
Vervain -Verbena	Exceso de entusiasmo por una causa. Les encanta convertir a los demás a su forma de pensar.
Vine - Vid	Personas dominantes e inflexibles, que tratan a los demás con mano dura.
Walnut - Nogal	Brinda protección de influencias indeseadas. Ayuda a la adaptación.
Water Violet - Violeta de Agua	Personas reservadas que aparentan ser orgullosas y arrogantes.
White Chestnut - Castaño Blanco	Pensamientos constantes, indeseados y repetitivos.
Wild Oat - Avena Silvestre	Incertidumbre sobre la dirección a tomar en la vida.
Wild Rose - Rosa Silvestre	Personas apáticas y resignadas ante la vida.
Willow - Sauce	Personas que sienten lástima de sí mismas, que están resentidas y culpan a los demás.
Rescue Remedy - Remedio Rescate	Para tratar de forma inmediata el efecto de una crisis o emergencia.
Rescue Cream - Crema Rescate	Para uso tópico sobre traumatismos físicos.

FLORES DE BACH Y SU ADMINISTRACIÓN

DOLENCIA	VÍA	FÓRMULA
Alzheimer	Gotas	Clemátide (tendencia a separarse de la realidad), Madreselva (por la regresión que se produce), Scleranthus (inestabilidad), Cerasifera (para el descontrol).
Artrosis	Gotas Crema	Estrella de Belén (regeneración del tejido), Sauce (rigidez crónica), Agua de Roca (rigidez estática), Impaciencia (si hay dolor).
Dolor muscular	Gotas Crema	Impaciencia (dolor agudo y/o tensión), Verbena (rigidez dinámica), Agua de Roca (rigidez estática).
Dolor por heridas	Gotas	Nogal (si es una regla abundante), Olmo (dolor abrumador), Scleranthus (ciclo), Cerasifera (descontrol del flujo), Achicoria (si existe retención de líquido).
Visión defectuosa	Gotas Colirio	Sauce (rigidez crónica de los músculos oculares), Agua de Roca (rigidez estática), Impaciencia (tensión), Hojarazo (fortalecimiento ocular), Clemátide (para ver la realidad).
Ácido Úrico Gota	Gotas Crema	Verbena (inflamación), Agua de Roca (rigidez, cristalización), Impaciencia (dolor agudo), Manzano Silvestre (limpieza), Olmo (dolor abrumador).
Hipertensión arterial	Gotas	Estrella de Belén, Vid y Roble.
Llagas bucales	Gotas	Estrella de Belén (cicatriza), Manzano Silvestre (limpia). Aplicadas directamente.

Calvicie	Loción	Manzano Silvestre (limpia de grasa, caspa, etc.), Olivo (fortalece el pelo), Centaura (firmeza en el pelo), Rosa Silvestre (para evitar la calvicie). Se aplican 3 gotas de cada flor en la loción capilar de su preferencia):
Mala circulación	Crema	Hojarazo (resistencia a circular), Olivo (vitalidad), Centaura (decisión).
Orzuelos	Colirio	Vid (líquido a presión), Manzano Silvestre (limpieza), Verbena (inflamación rojiza), Haya (antialérgico), Agrimonia (extrae la infección).
Picaduras de insectos	Spray	Verbena (rojez), Vid (líquido a presión), Agrimonia (picor torturante), Manzano Silvestre (limpieza), Haya (intolerancia al veneno, en caso de alergia).
Procesos gripales	Gotas	Mímulo (aumenta las defensas del cuerpo), Manzano Silvestre (limpia), Olivo (da energía), Verbena (si hay fiebre), Impaciencia (si hay nerviosismo), Haya (si es un proceso alérgico), Olmo (si el malestar abruma).
Próstata Tumores	Gotas Crema	Agrimonia (saca al exterior), Vid (da fuerza para romper o absorber), Verbena (para la inflamación), Manzano Silvestre (limpieza, desinfección).
Sordera	Gotas	Manzano Silvestre (si hay un tapón o suciedad), Clemátide (para oír la realidad), Olivo (fortalece el oído), Scleranthus (si es sólo un oído), Agua de Roca (rigidez). Aplicadas directamente.

Hora del Break

Como un receso obligado antes de iniciar la siguiente hora académica, a continuación una tabla anónima que circula por Internet desde princípios de 2005. Pertenece al género "Chistes" y la traemos a colación en virtud de que, formando galanes, habrá que evitar los extremos. Mira que ahora comenzaremos a producir, conservar e incrementar nuestro dinero.

SÍNTOMA	NIVEL	OBSERVACIONES
Llegar a los treinta años y no tener panza.	Seguro que es maricón.	No se diga más.
Chupar chupetas.	¡Que marica!!	Las únicas cosas que un hombre de verdad puede chupar es precisamente esa parte de las mujeres que se están imaginando.
No ir de caza o de pesca porque no hay baño.	¡Maricón!!	Un verdadero hombre caga donde sea.
Pedir café descafeinado, café con leche descremada o cosa similares:	¡Maricón!!	Café es café, debe ser fuerte... ¡es masculino! Las únicas cosas que se le pueden añadir al café son coñac y whisky, todo lo demás es cosa de nenas.
Saber el nombre de más de cuatro pasteles.	¡Que malparido tan marica!!	Un hombre sólo conoce lo suficiente para desayunar en el bar. Dónde se ha visto que un verdadero hombre entre en un bar y diga 'disculpe, me podría poner dos porciones de 'lemon pie' y una de ' brownies '. con 18 equipos en primera división y 25 jugadores en cada uno... a quién le queda sitio en la memoria para recordar los nombres de los pasteles.
Le encanta bailar.	¡Maricón de mierda!!	Los hombres sólo bailan por necesidad de arrimarse a una tipa, pero de ahí a que les encante...

Conocer los nombres de actores y actrices de moda y en qué películas o novelas actuaron.	¡Es de lo más maricón!!	Un hombre de verdad sólo se acuerda que a ese tipo lo vio en otra película cortando cabezas con una espada en cada mano.
Conducir con las dos manos.	¡Es muy maricón!!	Si los ' cowboys ' consiguen lazar a los toros con una sola mano... por qué un hombre precisa de dos manos para agarrar el volante. Las dos manos al volante sólo en dos momentos: rebasar o tocar bocina, el resto la mano derecha debe estar libre para poder sintonizar la radio, hablar por teléfono fumar, comer un sándwich, y agarrar la cerveza.
Se fija qué bien o qué mal se viste una mujer y puede recordar de qué color era su vestido.	¡Marica de mierda!!	Un hombre sólo recuerda que buena estaba.
Revisar la fecha de caducidad en los productos.	¡Marica, maricón, maricota!!	Un hombre de verdad es inmune a los productos caducos.
Recibe y reenvía e-mails que hablan de la amistad, el amor, la ternura y otras porquerías que para colmo están ilustrados con fotos de niños, flores angelitos o perros, y al final te amenaza que si no lo haces te va a pasar algo terrible.	¡Maricón de mierda, enfermo!	Demuestren su hombría y manden esto a sus amigos. ¡No sean maricas!!!

A MILLONARIO

Aprendiendo del Dinero

Ahora que eres todo un galán, aquí vamos a practicar un conjuro, para siempre, de aquella frase *"Billete... Galán"*. ¡Cancelado y transmutado! A partir de ahora decimos "Galán Con Billete" y para demostrarte que es así te iniciaremos en el buen uso del dinero. Manejar dinero parece muy fácil, ya que aparentemente no requiere estudios, sólo responsabilidad y en el mejor de los casos también trabajo. O al menos eso es lo que hemos aprendido de nuestros padres. Pero la verdad es que ha resultado ser muy difícil su manejo.

No basta ser únicamente responsable o laborioso para llevar las finanzas de una empresa. Ejemplo de ello lo vemos a diario. ¿Cuantas personas comprometidas y hacendosas fracasan financieramente?

Así será de complejo que al menos tres carreras universitarias conocemos para manejar los recursos: Administración, Contaduría y Economía, sin contar los estudios derivados de éstas. Hasta son premiados con el Nobel los economistas que se destacan en sus inagotables temas de estudio.

Pero aun con estudios, práctica y trabajo suceden accidentes financieros, lo mismo que con entrenamiento y horas de vuelo pasa con las aeronaves.

Parecido con los barcos y los carros. Les pasa a los mejores jinetes. Pero todos tienen algo de estudio, excepto nosotros con nuestro dinero. De allí la enorme cantidad de accidentes financieros que conocemos o hemos experimentado.

Salvo una calculadora o los conocimientos de matemáticas que todos tenemos, hasta ahora no disponemos de ningún instrumento que nos guie de la más mínima manera a manejar nuestras finanzas personales en forma especializada.

Aunque, como todo en la vida, existen sus excepciones, porque hay gente que maneja mejor el dinero sin ningún estudio que toda la gente que lo ha estudiado. Por eso es que insistimos en que a la gran mayoría de nosotros nos hace falta algo que nos guie en una tarea tan importante.

El común de nosotros estamos como a la deriva, en un gran caudal, sin rumbo definido, sin ningún instrumento, donde nos salvaremos sólo los que podamos llegar a la orilla, los que sepamos nadar. Así, más o menos, es manejar el dinero. Por eso es que pensamos en este Manual y su Tabla de La Fortuna, donde todos, sin necesidad de conocimientos previos, vamos a aprender a maniobrar nuestro dinero con instrumentos financieros.

Así vamos a minimizar la comisión de accidentes con nuestro bolsillo. Mientras más instrumentos, indicadores y medidas de seguridad utilizamos, menos siniestros suceden. Por eso es que en el transporte aéreo ocurren mucho menos accidentes que en el transporte terrestre.

Pero eso sí, como todos manipulamos dinero, esta herramienta tiene que ser muy sencilla, y por eso la llamamos «Manual del Dinero Fácil», denominación que tuvo el segundo secreto «Con Billete» cuando quiso ser independiente recién nacido, y al que acompañamos de una «Tabla de La Fortuna», para que todo el mundo, hasta el que no sabe nadar, se pueda aferrar a su tabla y llegar a la orilla sano y salvo.

Verás, entre otros conceptos de utilidad financiera, lo que te has asignado como límite de consumos diarios. Pero, al mismo tiempo, verás también que, al no alcanzar el límite un día, se incrementará al día siguiente, y así todos los días. Notarás cómo se incrementa la base de tus ahorros sin sentir el esfuerzo que hasta ahora le hemos asignado a la tarea de ahorrar. Por el contrario, vas a querer consultar tu Tabla más de una vez al día, transformando al ahorro en un juego adictivo.

Los escenarios que ponemos a tu alcance son los mismos que los gerentes de éxito aplican en las empresas. Los escenarios son situaciones derivadas de lo que pasaría si se cambia ésta o aquella variable. Así como ellos utilizan tableros de comando con indicadores de gestión para analizar diferentes situaciones hipotéticas, igualmente tú vas a hacer lo mismo a través de tu Tabla.

Estos escenarios funcionan mucho más fácil de lo que pensamos. Para que lo veamos factible, es como cuando estás manejando un carro. Cuando manejas no ves nada más que para el frente. Ves para los lados y para atrás simultáneamente a través de los espejos retrovisores. Dos a los lados, uno en la puerta derecha y otro en la puerta izquierda, además otro arriba del parabrisas para ver hacia atrás.

Cuando manejamos nuestro dinero sólo vemos hacia adelante. Por eso es que chocamos a cada rato. No tenemos instrumentos para ver a los lados ni atrás. Es momento de contar con una instrumentación efectiva, al menos como la de los automóviles, para manejar nuestro dinero.

Nuestra herramienta también podrá ser utilizada por el gerente de una gran empresa, realizando las analogías pertinentes, claro está. Más que conductor de tu vehículo financiero, serás el piloto de tu avión, el capitán de tu propio barco, para guiarlo, con todos los pasajeros a bordo, que es tu familia, a puerto seguro.

Como todo ser vivo, tus finanzas presentarán entradas y salidas que se medirán con dinero, pero pensando siempre en positivo. Los pagos que hagas para cancelar deudas anteriores serán considerados como inversiones. Inversiones invaluables. Inversiones maravillosas porque estás cancelando futuros endeudamientos.

Al disminuir tus deudas estás invirtiendo en tu nuevo crecimiento. Estás invirtiendo en desaparecer tus compromisos anteriores. Cuando pidas prestado en el banco tendrás tus amortizaciones del préstamo y lo verás reflejado en tus cuentas bancarias y ya habrán actualizado tu saldo inicial. Saldo inicial que utilizarás en tu Tabla para probar tus nuevos consumos y sus implicaciones en tus finanzas futuras.

Conceptos

El dinero tiene muchos significados. Contablemente se desglosa en varios conceptos llamados Partidas en cada uno de los estados financieros que conocemos. De hecho, cada una de las partidas se expresa en dinero. Además de tantas definiciones, es la unidad de medida por excelencia. En las noticias, los desastres y las pérdidas se calculan en dinero. Igual que las ayudas humanitarias. Conforme a la Real Academia:

dinero
Del lat. DENARIUS.
1. m. Moneda corriente.
2. m. Hacienda, fortuna. *José es hombre de dinero.*
3. m. Moneda de plata y cobre usada en Castilla en el si glo XIV y que equivalía ados cornados.
4. m. Antigua moneda de plata del Perú.
5. m. **penique.**
6. m. **ochavo** (‖ moneda).
7. m. Peso de 24 granos, equivalente a 11 g y 52 cg, que se usaba para lasmonedas y objetos de plata.
8. m. Econ. Medio de cambio o de pago aceptado gener almente.
buen dinero
1. m. Cantidad de efectiva cobranza.
2. m. Cantidad importante de **dinero.**
dinero a interés
1. m. **dinero** que se da o recibe a préstamo con interés.
dinero al contado
1. m. **dinero contante.**
dinero burgalés
1. m. Moneda de oro de muy baja ley mandada labrar e n Burgos por el rey Alfonso X, que valía dos pepiones.**di nero** contante, o **dinero contante y sonante**
1. m. **dinero** pronto, efectivo, corriente.

dinero de plástico

1. m. Sistema de pago mediante tarjeta de crédito.

dinero en tabla

1. m. **dinero contante.**

dinero negro

1. m. **dinero** que escapa al control fiscal.

dinero sucio

1. m. **dinero** obtenido por medio de actividades ilegales y que escapa al controlfiscal.

dinero trocado

1. m. **calderilla** (‖ monedas de escaso valor).

a dinero, a dinero contante, o a dinero seco

1. locs. advs. En **dinero** y moneda efectiva.

al dinero

1. loc. adv. **a dinero.**

estar alguien **mal con** su **dinero**

1. loc. verb.

coloq. Malgastarlo o aventurarlo en empresas descabell adas.

estar alguien **podrido de dinero, o en dinero**

1. locs. verbs. coloqs. Ser muy rico.

estrujar el dinero

1. loc. verb. coloq. Ser miserable o poco dadivoso.

hacer dinero

1. loc. verb. coloq. Juntar caudal, hacerse rico.

levantarse con el dinero

1. loc. verb. Entre jugadores, ganarlo.

pasar el dinero

1. loc.

verb. Volverlo a contar, para comprobar que es cabal la cantidad que se entrega o recibe.

Como conceptos del dinero, el ingreso per cápita, la cesta básica y el salario mínimo nos hablan del nivel de riqueza de los países. Las religiones aprueban algunos de sus significados y prohíben otros. Es bueno y es malo a la vez. Tiene dos caras en las monedas y en los billetes. Decenas de nociones de dinero que todo el mundo entiende.

Se puede personificar. Sirve para ayudar al prójimo, aunque también para destruirlo. Para alabar: ¡Tiene mucho dinero! Para insultar: ¡Es un burro cargado de dinero! Tiene sinónimos buenos: ¡Se aprobaron los recursos para la escuela del barrio!

Sin mencionarlo, lo valoramos cuando hablamos de personas: de un miserable, un botarate o de un filántropo. De situaciones: prosperidad, pobreza, abundancia, escasez, riqueza y bienestar.

Como ya veremos en la Ley de Atracción, no es deshonesto recibir el dinero que nos pertenece sin que medie el trabajo. Bien pudiera argumentarse que lo difícil no es obtenerlo sino conservarlo. Y es aquí donde pusimos nuestro mayor esfuerzo.

Así como el automóvil no tiene un fin en sí mismo, sino que sirve para transportarnos de un sitio a otro, al dinero le sucede igual: sirve para proveernos de bienes y servicios. Y por tal motivo ambos son vehículos que deben manejarse con responsabilidad, prudencia y conocimiento.

Todos sabemos que al conducir un vehículo como el automóvil el infractor de las normas es objeto de sanciones. ¿Por qué? Porque puede haber daño a terceros. ¿Le pasará lo mismo al conductor del dinero? De allí la importancia de esta definición de dinero como sinónimo de vehículo.

En la Tabla de La Fortuna veremos otra acepción del dinero, donde lo trataremos también como el combustible que hará avanzar tu vehículo. De manera que como concepto, el dinero va a tomar todos los significados que le queramos dar, toda vez que todos estamos capacitados para entenderlo en cualquiera de los papeles que le asignemos en la obra de nuestro crecimiento personal.

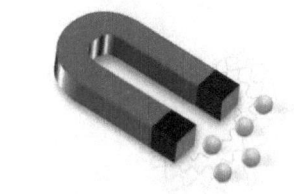

Ley de Atracción

Si queremos atraer el dinero nos enfocaremos en la riqueza, ya que es imposible llamar al dinero si continuamente pensamos en la pobreza.

Si la gente no tiene dinero es porque lo bloquea con sus pensamientos. Si creemos que la única manera de lograrlo es trabajando, lo alejaremos, por lo que hay que ahuyentar esa forma de concebir la riqueza.

Se debe jugar a tener dinero, como en el juego del monopolio, pero creyéndoselo de verdad, utilizando la imaginación y llamando al bienestar permanentemente. Así el dinero fluirá a nosotros.

Vamos a asumir la costumbre de pensar positivamente en que todo lo que queremos lo podemos comprar, sintiéndonos bien antes de tener lo que deseamos, como si ya lo tuviéramos, con lo cual aceleraremos el proceso de tenerlo. Así de sencillo.

Pero también nos vamos a sentir bien compartiendo nuestro bienestar, dando dinero a los demás, para que se contagie el pensamiento de la abundancia. Damos lo que nos sobra y por eso damos nuestro dinero. Por eso es que los filántropos son millonarios y las grandes empresas tienen fundaciones para ayudar a los demás.

Así como el universo es infinito, de la misma manera lo es la abundancia, ya que de ese modo fue diseñada la vida de cada uno de nosotros.

De tal forma que los recursos son ilimitados y a través de nuestro pensamiento positivo, llevado a la acción, podemos atraerlos hacia nosotros y nuestros seres queridos.

Ésto es posible porque no todos estamos detrás de los mismos recursos, con lo cual sí serían limitados y no alcanzaría para todos. Pero como nadie piensa igual ni quiere lo mismo que los demás, los recursos y el dinero son ilimitados.

Aclarado entonces que hay dinero suficiente para todos, vamos a invocarlo ante el Universo mediante tres pasos que son la petición, la afirmación y la bienvenida.

El más importante es la petición de lo que en verdad se quiere, para lo cual hay tener muy claro y definido ese objeto del deseo material que amerita del dinero para adquirirlo.

Luego viene la afirmación, donde debemos actuar y sentir exactamente igual que si ya lo tuviésemos en las manos, para así colocarnos en la misma frecuencia del propietario.

Finalmente, la bienvenida para recibir lo que deseamos y que ya habíamos venido sintiendo que era nuestro. Y aquí se va a dar la convergencia del sentimiento con su materialización gracias a que pensamos en la misma frecuencia.

Siempre nos acordaremos de cuando mamá le decía a una persona bienvenida ¡Te traje con el pensamiento!

No hay error en ésto. El tiempo de la materialización del deseo va a depender del proceso de creer, aceptar y sentir en alineación con el Universo.

Y todo lo vamos a lograr con la Ley de Atracción, uno de cuyos representantes más notorios ha sido Rhonda Byrne: Las cosas iguales se atraen. La carga magnética del pensamiento atrae las cosas ubicadas en su misma frecuencia.

Límites

La verdad es que ha sido cuesta arriba calcular el monto a partir del cual comienzan los recursos a sobrar. En las personas es prácticamente imposible determinar esa frontera. Lo mismo en la Industria que en el País.

Sin embargo, hemos oído decir que hay reservas internacionales excedentarias, que en la industria los inventarios de materias primas o productos terminados devienen en acaparamiento, o que ser rico es malo.

Y a pesar de la imposibilidad científica de calcularlos, se ha sabido de países donde hay funcionarios públicos que, excepto para sí mismos y sus familiares, sí saben determinar los excedentes para luego expropiarlos y redistribuirlos entre los más necesitados.

Hay publicaciones que miden los primeros lugares de posesión de dinero. Entre otras, Forbes y Fortune para las personas y las empresas. Banco Mundial para los países. Japón tiene uno de los ingresos per cápita y nivel educativo más elevados del planeta, y sus reservas internacionales se cuentan entre las más altas del mundo.

Y a nadie se le ha ocurrido determinar el monto de las reservas excedentarias para redistribuirlas entre los más necesitados. En primer lugar porque no hay necesitados que requieran de tales excedentes. Son reservas y punto.

Y como todo ahorro, las reservas tienen la finalidad de prevenir las contingencias de manera que no amenacen la calidad de vida de la gente. Y nuestro nivel de vida deberá ser siempre grande, Ilimitado, desmedido, cada vez mayor y mejor, por lo que en este sentido la cantidad de dinero no tiene límites.

Nunca es suficiente el nivel de educación que alcancemos. Siempre necesitaremos más conocimientos y estudios. Igual nos sucede con el protagonista de nuestro Manual. Como decía Wayne Dyer, el Cielo es el límite.

Inflación

Así como la fiebre es síntoma de infección, la inflación lo es de corrupción. En el primer caso un mismo paciente padece el síntoma y la enfermedad, mientras que en el segundo, un paciente el síntoma y otro la enfermedad.

En un dolor de muela, el guayacol precedía la extracción de la muela cariada. Ahora ponen antibióticos y después viene la endodoncia, pero siempre se trata del mismo paciente. Éste es el primer caso.

Pero en una inflación ¿habrá calmantes para un paciente mientras se le saca la muela con caries a otro, que de paso, no se la deja sacar? He aquí la dificultad y el tiempo que tarda en ser eliminado este síndrome.

Entonces tenemos dos enfermedades, caries y corrupción. Si dejamos que la caries avance hasta que se coma toda la muela, no habrá más remedio que decirle al odontólogo que saque la muela para terminar con el dolor.

Lo mismo habría que hacer para acabar con la corrupción. Sacamos la muela donde se enquista y acabamos con la inflación. Pero esta clase de muelas no sale tan fácil. ¿Será por eso que la inflación dura tanto en las tiranías?

Para erradicar este flagelo, entonces, las instituciones independientes velarán para que los gobiernos no coloquen zamuros en las alcabalas por donde pasa la carne. ¿Cómo? ejerciendo disciplina en las finanzas públicas, autonomía del Banco Central, promoción a la inversión privada, liberación de precios y tipos de cambio, estímulo a la producción de bienes y servicios, eliminación de las expropiaciones y apertura del comercio exterior, entre otras medidas legales.

Mientras tanto, nos enfocaremos en los síntomas, inflación y dolor de muela. Por ser dolorosos, hay que aliviarlos mientras llega su cura. El dolor de muela con antiinflamatorios y la inflación con antiinflacionarios, medidas que sí están a nuestro alcance.

Como antiinflamatorios vamos a recetar acetaminofén, ibuprofeno, guayacol, gárgaras de sal y otros.

Como antiinflacionarios vamos a usar la Tabla para detectar las reservas que permitan adquirir todo lo que necesitemos, tanto para vivir como para revender, en el siguiente orden: 1. Al mayor, hasta donde sea posible, usando efectivo o débito y 2. A crédito con tasa fija, con tarjetas de crédito o préstamos bancarios.

En el primer caso se encuentran los alimentos secos, que almacenaremos a temperatura ambiente, y los congelados, que incluirán el pan recién comprado, que luego hornearemos o haremos al vapor antes de comer.

En el segundo caso se encuentran los bienes de subsistencia, esos que están en la canasta familiar incluyendo el carro y la casa, pero también los bienes que todos estarían dispuestos a comprar siempre, tales como el oro y los dólares, más otros que nosotros sabremos cuales son.

Después, si la inflación persiste, sin dejar de usar la Tabla, buscaremos ingresos extras, los cuales van a depender del tiempo disponible y nuestra creatividad.

En el comercio los costos unitarios se trasladan al precio de venta, por lo que la inflación golpea menos a la gente que vende que a la gente asalariada, y en tal sentido vamos a tratar que los ingresos extras provengan de las ventas.

Religiones

Los cristianos se basan en la lectura de Corintios y lo resumen en la generosidad y la convicción de compartir nuestros bienes con alegría, teniendo claro que la prioridad es Dios quien nos multiplicará nuestras riquezas si obramos con honradez.

Los judíos realzan el cumplimiento del deber y la justicia en el trabajo, en medio del amor al prójimo con igualdad, actuando con honestidad y temor a Dios, transitando el camino de la humildad para alcanzar nuestro bienestar.

En el Islam están prohibidos los intereses sobre los préstamos. El prestamista comparte el riesgo de cada empresa con el usuario del capital, tanto si tienen éxito como si fracasan. En tal sentido no se puede ganar dinero a partir del mismo dinero sino a través del trabajo.

Los hindúes desean y consiguen dinero mediante el trabajo honrado. Y siempre va a sobrar para alimentar a los animales y ayudar al prójimo directamente, sin donarlo, ya que se puede desviar para otros fines.

En el Budismo el comercio y los mercados eran sagrados, así como los bancos eran templos que acuñaban monedas dedicadas a los dioses. El dinero, sin un fin en sí mismo, tenía el poder protector de utilizarse para el bien común.

Creencias

Hay una sugestiva cábala hebrea que en Venezuela debe ser algo difícil su acatamiento. Se refiere a guardar todo el sueldo en la casa o en el banco la primera noche del día de haberlo recibido. ¡Con razón los judíos tienen plata! diremos más de uno, no sin razón. Y es que aquí nos pagan todos los viernes a quienes cobramos semanal, que somos la gran mayoría. Y viernes sin polar es como jardín sin flor. He allí la dificultad de cumplir con este consejo.

Entonces, y por si acaso, no vaya a ser que vuelen, vamos a cumplir con ésta y con cualquier otra cábala utilizando nuestra Tabla, que para protegernos la hemos traído al mundo.

A ver. Si nos pagan en efectivo y vivimos lejos, como primero es la polar, debemos incluirla en el diario del viernes, antes de salir de casa, y tenerlo disponible en un bolsillo aparte, para que así, transportado en otro bolsillo, el sueldo completo duerma en casa esa primera noche.

De tal manera que siempre dispondremos de una semana para que la previsión la tengamos lista para el jueves, y habremos cumplido con esta cábala que algo debe tener de bueno, por lo que hemos visto. Si nos depositan en cuenta, el caso estaría resuelto de antemano por analogía: teniendo dos cuentas bancarias, o separando el dinero en nuestra Tabla, si sólo tenemos una.

Pero en ambos casos, como ya seguramente hemos observado, deberemos hacer uso de una reserva o ahorro, conceptos éstos muy bien posicionados en la Tabla.

Otras cábalas sostienen que las operaciones de dar o pedir prestado con allegados, aunque son de mal augurio en general, se harán sólo en las mañanas, absteniéndose de prestar dinero los lunes, evitar pedir prestado en lo posible ningún día, pero si no hay más remedio, jamás lo haremos un martes. Y tampoco pagar la deuda un viernes. Eso sí, ninguna de estas tres operaciones se harán de noche, ya que la quiebra acecha por las esquinas.

Los aumentos de sueldo se pedirán cerca del mediodía antes de la hora de comer del jefe, ya que el Sol nos alumbra con su mayor esplendor.

Los billetes se llevarán en los bolsillos delanteros con la cara de cada uno hacia nosotros, ordenados desde afuera hacia adentro, de menor a mayor. Doblado el fajo de billetes veremos el de menor valor por el reverso.

Mojarse algún dedo con saliva mientras se cuentan los billetes, o se buscan las facturas, causa ruina. En general, mezclar saliva con papeles afecta la digestión y espanta a los clientes.

Mientras más flaca mejor, en la cartera van las tarjetas bancarias y los documentos personales, pero habrá un talismán de éxito. Puede ser un billete recibido de un ser querido, del primer sueldo o de un buen negocio. También podemos optar por un billete de 1 dólar o 1 euro doblado en forma de triángulo, que no esté a la vista.

¡Toco madera! será siempre una frase que se expresa en voz alta, tocando la mesa de abajo hacia arriba, cuando corresponda decirla.

Finalmente, y ésto no es superstición sino que está demostrado en la Ley de Probabilidades, se recomienda evitar cualquier vicio, juego o trata, porque además son actividades cargadas de energía negativa, en donde el grueso del dinero que nos llega rebota siempre hacia las mafias, enriqueciéndolas a costa nuestra.

Sin embargo, hay juegos, si se quiere familiares, propios de nuestra cultura, en cuyo caso el dinero para jugar y el dinero ganado se guardan en un bolsillo distinto al del dinero trabajado. Si se mezclan desprenden un efluvio maléfico que corroe todos los metales.

En otro bolsillo va la ramita de ruda dentro de un ejemplar de este libro, que por cierto, da salud a quien lo estudia, dinero a quien lo regala y amor a quien lo recibe.

Pensamientos

Nunca un capítulo de una obra me había causado, con tanta presencia, la sensación de que nunca iba a estar completo como éste. Sobre todo porque cada frase fue dicha por alguien que marcó época, y siempre parece que falta alguien. Estoy seguro que una frase tuya hará falta para completar la lista. No obstante, es lo que pude conseguir, lo que mejor se adaptaba a este propósito.

"Da tu primer paso ahora. No importa que no veas el camino completo. Sólo da tu primer paso y el resto del camino irá apareciendo a medida que camines." *Martin Luther King Jr.*

"Sólo hay una forma de comenzar a construir tu sueño: dejando de hablar y comenzando a hacer." *Walt Disney.*

"El dinero es como un sexto sentido; sin él no podríamos desarrollar los otros cinco." *William Somerset.*

"Dejar de hacer publicidad para ahorrar dinero, es como parar el reloj para ahorrar tiempo." *Henry Ford.*

"No te preocupes por la gente que quiere robar o copiar tu trabajo. Preocúpate por el día en que dejen de hacerlo." *Jeffrey Zeldman.*

"El dinero no puede hacer que seamos felices, pero es lo único que compensa de no serlo." *Jacinto Benavente.*

"El valor de una idea radica en el uso de la misma." *Thomas Edison.*

"Fallar a menudo es hasta ahora la mejor forma conocida de llegar más rápido al éxito." *Tom Kelley.*

"Consigue dinero ante todo, la virtud vendrá después." *Horacio.*

"Nunca juegues a juegos que no entiendas, incluso si ves a mucha gente ganando dinero en ellos." *Charlie Munger.*

"Es fácil tener ideas de negocio. Lo más complicado es aplicarlas en el mundo real." *Guy Kawasaki.*

"El dinero no da la felicidad, pero aplaca los nervios." *Jeanne Bourgeois.*

"No se aprende a caminar siguiendo las reglas. Se aprende caminando y cayendo." *Richard Branson.*

"Tus clientes más insatisfechos deben ser tu mayor fuente de aprendizaje." *Bill Gates.*

"Únicamente aquellos que se atreven a tener grandes fracasos, terminan consiguiendo grandes éxitos." *Robert Kennedy.*

"El éxito es una cuestión de perseverar cuando otros ya han renunciado." *William Feather.*

"Dos clases de personas fracasan en la vida: Aquellas que no saben nada y aquellas que creen saberlo todo." *Warren Buffett.*

"El fracaso es la oportunidad de comenzar de nuevo, pero con más inteligencia." *Henry Ford.*

"El comunismo es la filosofía del fracaso, el credo a la ignorancia y la prédica a la envidia; su virtud inherente es la distribución igualitaria de la miseria." *Winston Churchill.*

Feng Shui

La limpieza y el orden comienzan por la cocina, pues allí se expresa nuestra habilidad para atraer dinero. Este sagrado recinto colmará de energías positivas los alimentos que darán salud a nuestras finanzas.

Las paredes buscando el blanco, para el resto de la casa, en los cuadros, adornos y demás detalles predominan el verde y el rojo, evocando los matices de la naturaleza, buscando la armonía y el equilibrio en un ambiente sencillo.

Las oportunidades son unos duendes románticos que viven buscando las puertas de entrada más bonitas del vecindario, la música más dulce de sus timbres y las matas más esbeltas que las adornan.

Una vez adentro, los duendes de la oportunidad salen corriendo si ven algún desorden o cuadros con temas de agua por encima de sus narices, pero no hay quien los saque si escuchan el agua de una fuente, extasiados ante el verdor de una planta ornamental.

Son fisgones y luego viven revisando los armarios donde les gusta dormir en espacios vacíos y ordenados, huele a limpio y todo sirve, pues allí reciben a sus amantes, las ninfas de la abundancia.

A pesar de su sencillez, les interesan los salones animados y distinguidos, para nada recargados.

Muy distantes de la cocina, les agradan los baños con tuberías y llaves funcionales, no sea que sus ninfas se escapen en cada gota de agua que se pierde.

Los espejos atraen clientes al negocio y alimentos al comedor, pero también terceros al dormitorio. Ahora bien, los ricos de Forbes son casados. Y al parecer, en pareja rinde más el dinero. Entonces, por si acaso, no está demás arreglarnos en el baño.

Salud

Salud, Dinero y Amor, reza la fórmula Es decir que en ese mismo orden la sabiduría popular nos dicta las prioridades de nuestra felicidad. Ya podemos decir que sin salud no hay dinero, y sin él no hay amor.

En la Ley de Atracción se dice que, para agradarlo, sentiremos la dicha del dinero antes de su llegada. De manera que también aquí el dinero viene después, igual que en el refrán. Y como sólo nos sentimos bien cuando gozamos de buena salud, consumiremos lo que nos haga sentir bien y lo tendremos presente antes de usar la Tabla.

El cloruro de magnesio purifica la sangre, ayuda a disolver los niveles de colesterol y equilibra su pH. Ayuda la salud renal, la próstata, las funciones cerebrales, musculares, inmunológicas y del corazón. Combate el cáncer, la vejez prematura, la osteoporosis y la depresión.

El bicarbonato de sodio es el mejor anticancerígeno natural que se conozca. Mejora notablemente la digestión. Protege los riñones, el corazón y el sistema nervioso.

En un litro de agua filtrada se disuelven 300 gramos de cloruro de magnesio y 150 gramos de bicarbonato de sodio. Todas las mañanas en ayuna tomamos el equivalente a una medida de licor de onza y media.

Sobre todo en las noches se recomienda tomar, en infusiones o capsulas, Té Verde, Moringa o la hierba de San Juan, conocida también como Saint John Wort, un poderoso antidepresivo que combinado con el complejo B nos va a mantener en el mejor estado de ánimo para transitar los canales del bienestar de la Ley de Atracción.

Por alguna razón, todos los antidepresivos son también anticancerígenos. Y ésto conecta sin querer con los postulados del Nuevo Pensamiento, uno de cuyos exponentes más notables será por siempre Louise Hay. El cáncer es considerado la consecuencia de una enfermedad más profunda cual es el resentimiento; animosidad que sí tiene cura a través del perdón, del olvido.

Si eres el único responsable de todo lo que te sucede, nadie tiene la culpa del resentimiento con alguien. Tú atrajiste a esa persona cuando pensabas negativo. Con alejarte y olvidar tienes. Ahora que piensas positivo, nadie tiene el poder de hacerte sentir mal. Ahora te sientes bien, piensas positivo y atraes el dinero.

Vamos a tratar que los alimentos nos traigan gratos recuerdos. Travesuras como cerelac o toddy con leche, todo en polvo, fortalecen de vez en cuando.

 Volver a ser niño te acerca al centro de atracción, y por ese camino va su Ley.

Estos alimentos nos fueron ofrecidos con el amor de un hogar que no tendrá sustitutos, por más que nos recomienden otros supuestamente mejores. Y no cabe duda que nos harán sentir muy bien para sintonizar las frecuencias de atracción deseadas.

En la higiene personal no te olvides del jabón azul, chino de sándalo, alquitranado o de cariaquito para el cuerpo, el agua oxigenada para la boca y los oídos, ni el vinagre puro en spray para ahuyentar los malos espíritus que hacen correr a los levantes cuando se apoderan de las axilas y los pies.

La ducha será al menos diaria en las mañanas, pero la de los lunes será con agua fría, ya que aleja el desánimo y nos hace sentir bien, condición previa para recibir los reales.

Nada va a reemplazar una caminata diaria al aire libre de por lo menos media hora sin parar, en el horario que nos permitan nuestros quehaceres.

La postura erguida, tanto sentado como de pie, va a ser indispensable para conectarnos con las frecuencias del Universo responsables de la atracción favorable.

Tabla de La Fortuna

En aguas profundas la tabla de salvación es un vehículo, una nave en sí misma, pero al mismo tiempo es su propio manubrio. Mientras el caballo requiere de riendas y el carro del volante, la tabla, por su sencillez, no requiere de más nada para funcionar. Lo es todo a la vez.

Visto el dinero como un vehículo, la tabla de salvación se va a transformar en la Tabla de La Fortuna y será el volante con el que lo vamos a conducir, un volante innovador, con controles incorporados. Controles que harán las veces de estados financieros interactivos.

Cuando se crearon los estados financieros convencionales no había hojas de cálculo ni computadoras personales, por lo que eran anuales o a lo sumo mensuales, escritos en el papel. Nuestra tabla, en ésta, su primera versión, es un estado financiero personal, aunque si utilizamos sus principios para manejar una empresa, es también un estado financiero empresarial.

Nuestra tabla de salvación será en realidad una Tabla de La Fortuna, ya que rescatándote del torbellino de una situación, primero, al perseverar en su uso te traerá irremediablemente la fortuna de conservar e incrementar tu dinero.

Será el software sobre la conservación del dinero de este manual de crecimiento, una aplicación que te convierte en un gerente. El gerente de la empresa más importante del mundo. Y esa empresa es tu propia vida, tu prosperidad personal. Manos al volante, tienes un tablero como el de tu automóvil frente a ti.

Tienes a tu disposición un conjunto básico de escenarios esenciales para tomar medidas preventivas en tu presupuesto, sin efectuar ningún cálculo tedioso, por lo que tus decisiones financieras te resultarán muy obvias y sencillas, pero de suma importancia para no arriesgar tu patrimonio; es, más bien, para hacerlo crecer.

Los días de reserva van a dar una idea de cuánto tiempo tendrías para consumir una cantidad de dinero en el caso que no consigas recargar tu tanque de combustible, que en nuestro caso es el dinero. Sólo que en el caso del dinero y con nuestra herramienta podemos elegir la cantidad de días que estaríamos sin nuevos ingresos, o sin recargar nuestro tanque.

Y así como en tu vehículo el indicador de reserva de gasolina no se hizo para que experimentes la ausencia de combustible, en nuestra herramienta tampoco es para confrontar la falta de ingresos, sino precisamente para lo contrario: alertarte con tiempo suficiente a conseguir nuevos recursos y proseguir el camino.

Para cargar la aplicación, seremos estrictos o permisivos. Dado el saldo inicial, seremos más estrictos con nuestros consumos diarios mientras más lejos coloquemos la fecha final del presupuesto. Si nuevos ingresos se aseguran antes, de mayores montos dispondremos para consumos diarios y seremos más permisivos.

Esta Tabla tiene especial inclinación en ayudarte a decidir promoviendo tu bienestar financiero. Ya aprenderás varios usos que van a redundar en tu propio beneficio y crecimiento personal.

Ahora veremos imágenes de la aplicación como las veríamos en la pantalla, empezando por la fecha del presupuesto.

TABLA DE SALVACIÓN EN BLANCO

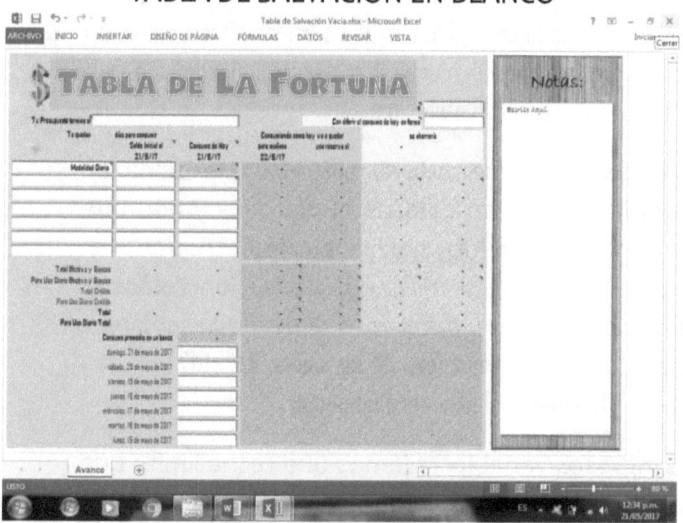

Vista completa. Zoom 80% de la tabla vacía, en pantalla.

FECHA TOPE DEL PRESUPUESTO

NOTA PREVIA: Para este software en Excel, cuando vayas a cargar una celda, lo mejor es hacer doble clic. Para varias cifras, comienza colocando el signo igual = luego una cifra, después el signo más +, o el signo menos -, y después la otra cifra.

En donde dice **Tu Presupuesto termina el** en la celda en blanco del lado derecho colocas el día, mes y año que esperas cobrar tu sueldo. Utiliza el formato 1/5/17. *El usuario escribe 31/5 nada más, y la aplicación coloca el año, los ceros que faltan, determina el día de la semana y en la tabla aparece* **miércoles, 31 de mayo de 2017** *y justo debajo se lee* **Te quedan 10 días para consumir.**

Si tienes ingresos variables, fijamos una fecha límite que nos sea útil. Una fecha que te permita cumplir con tus compromisos personales o familiares y generar ahorros.

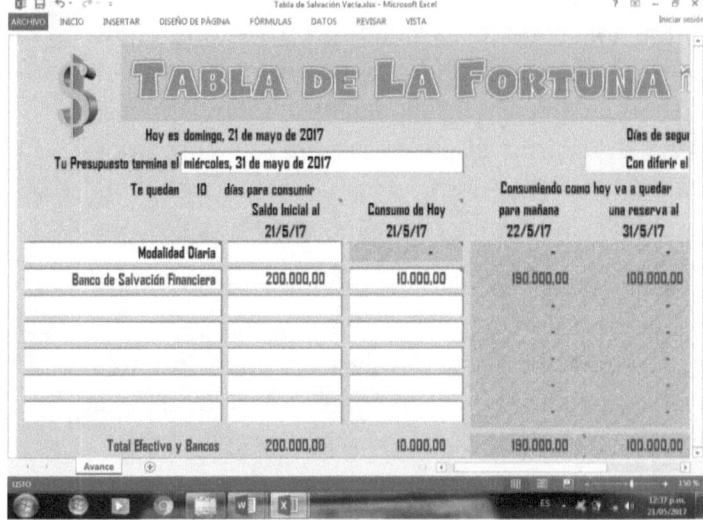

Debajo de la celda blanca con letras negras donde se lee **Modalidad Diaria** el usuario escribe **Banco de Salvación Financiera**. *Justo al lado, el usuario escribe* 200000 *y la aplicación coloca el punto separador de miles, la coma y dos ceros de decimales. Aparece* **200.000,00** *que es el* **Saldo Inicial al 21/5/17.**

Luego, al lado de **200.000,00** vas a colocar la cantidad de dinero del consumo. *El usuario escribe* 10000 *y la aplicación coloca el punto separador de miles, la coma y dos ceros de decimales. Aparece* **10.000,00** *que representa el* **Consumo de Hoy 21/5/17** *en el ejemplo de la Tabla.*

Aunque se te pide la cantidad, porque estamos frente a una aplicación de cálculo, sólo tú sabes a qué destinas el dinero. En tal sentido puedes probar con varias cantidades de dinero en diferentes consumos para ver cuánto te quedaría en total, cuánto ahorrarías por períodos o de cuánto dispondrías para tus consumos diarios desde mañana, entre otras cosas, que aquí las vas a ver simultáneamente, sin calcular nada.

Coloca la cantidad de dinero de un consumo que pienses pueda hacerse habitual. Para ayudarte en tus consumos, verás un aviso de alerta cuando intentes colocar una cantidad que te dejaría sin reservas al final de tu presupuesto, dado el saldo inicial que colocaste.

Los compromisos(*) mensuales o quincenales, así como los consumos esporádicos, ya realizados, que no son diarios o habituales, los vas a ver en el estado de cuenta de tu ente financiero y ya habrán afectado el saldo inicial.

Nota: Si te importuna el aviso de alerta puedes colocar el monto del compromiso en tu celda de saldo inicial como escenario con la deducción = Saldo Inicial - Compromiso.

(*): *Pago de tarjetas, cuotas, alquileres, servicios y otras obligaciones por el estilo.*

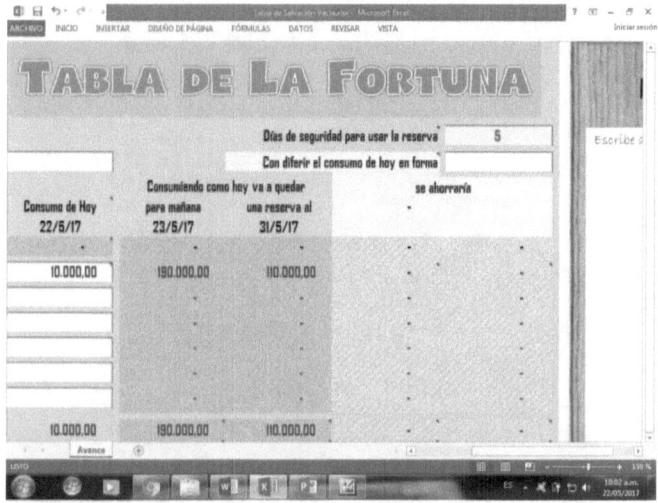

En donde dice **Días de seguridad para usar la reserva** en la casilla en blanco de la derecha, vas a colocar la cantidad de días que tú consideres utilizar como reserva suponiendo que un imprevisto retrase la próxima entrada de dinero, luego de consumir tu presupuesto.

El usuario coloca **5** *días y con el* **Saldo Inicial al 22/5/17** *de* **200.000, 00** *y un* **Consumo de Hoy** *de* **10.000,00** *la aplicación dice que* **Consumiendo como hoy va a quedar para mañana 23/5/17** *la cantidad de* **190.000,00, una reserva al 31/5/17** *de* **110.000,00** *y* **Para Uso Diario Efectivo y Bancos** *un monto de* 22.000,00

En la parte inferior de la Tabla, sombreada con rayas de azul, en las celdas con números rojos, vas a ver reflejados los montos de reserva disponibles para consumir diariamente hasta agotarla.

A manera de ejemplo, ésto funciona como el indicador del tanque de reserva de gasolina de un vehículo. Sólo que aquí nosotros decidimos la cantidad de días de reserva.

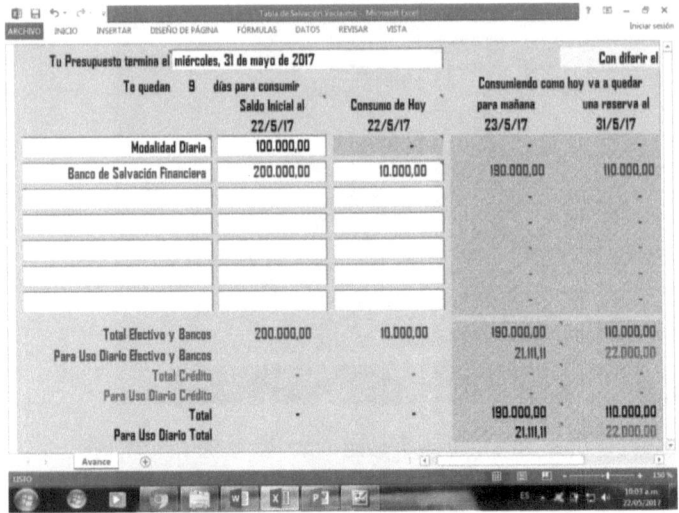

CUÁNTO AHORRO SI DEJO EL VICIO POR HOY

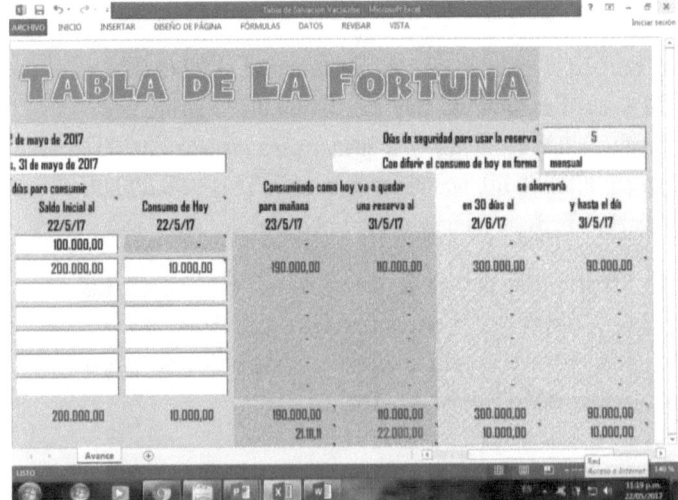

En la parte superior derecha de la tabla, sombreado en amarillo, donde dice **Con diferir el consumo de hoy en forma** en la celda en blanco de la derecha, vas a escoger entre varias opciones, a saber, semanal, quincenal, mensual o anual. De esta manera vas a saber cuánto ahorrarías si decidieses no efectuar un consumo en particular.

El usuario selecciona **mensual** *y la aplicación dice que* **se ahorraría en 30 días al 21/6/17** *la cantidad de* **300.000,00 y hasta el día 31/5/17** *un monto de* **90.000,00**

Se lograría un ahorro adicional por desechar algo innecesario. Un monto de dinero del cual dispondrías para realizar una compra más elevada pero más gratificante y productiva que la que estarías posponiendo realizar hoy. Esta cantidad será directamente proporcional a la duración del período que hayas seleccionado para ahorrar, y producirá los mismos efectos que cocinar a fuego lento.

Pero no vamos a quedarnos en el papel. Hay más emociones para experimentar en vivo, directamente en tu Tabla de La Fortuna, y por eso la hemos dotado de su propio manual interactivo que vamos a ver en cada celda resaltada con un pequeño triangulo rojo en la parte superior derecha.

	Días de seguridad para usar la reserva	5		Escribe aquí
	Con diferir el consumo de hoy en forma			INSTRUCCIONES:
Consumiendo como hoy va a quedar	una reserva al	se ahorr	en 30 días al	En la celda en blanco de la derecha, vas a escoger entre varias opciones, a saber, semanal,
para mañana 23/5/17	31/5/17		21/6/17	quincenal, mensual o anual. De esta manera vas a saber cuánto
.	.		.	ahorrarías si decidieses no efectuar
190.000,00	110.000,00		300.000,00	un consumo en particular.
	.		.	

Así que ¡Vamos a la Tabla!

https://goo.gl/EYPKJ7